마법천자문 컬러링북

3 · 가치 한자

아울북

<마법천자문 컬러링북>의 특징

1. 마법천자문을 즐기는 특별한 방법을 제공해요!
2. 암기할 필요 없이, 색을 칠하면 저절로 한자 공부가 돼요!
3. 한자의 뜻, 마법천자문 속 명장면과 명대사를 통해 바른 가치와 인성을 키울 수 있어요!
4. 다채롭게 색칠하며 예술 감각과 색채 감각을 키울 수 있어요!
5. 유쾌하고 통쾌한 마법천자문의 그림들을 색칠하며 스트레스를 풀 수 있어요!

『마법천자문 컬러링북 3』 이렇게 활용하세요!

『마법천자문 컬러링북 3』은 아이들이 꼭 알아야 할 가치 있는 한자를 중심으로 마법천자문의 그림을 모았습니다. 벗 우(友), 믿을 신(信), 옳을 의(義), 용기 용(勇), 참을 인(忍), 배울 학(學), 사랑 애(愛)와 같이 마법천자문에서 대표 한자로 쓰였던 한자와 그에 어울리는 특별한 장면들을 만나 보세요!

1. 내가 알고 있는 한자를 찾아 먼저 색칠해 보세요.
2. 어떤 이야기 중에 나왔던 그림인지 곰곰이 되짚어 보세요.
3. 마법천자문과 비교해 보며 같은 색으로 칠해 보고, 다른 색으로도 칠해 보세요.
4. 각 장면에 쓰인 한자의 뜻을 생각하며 천천히 색칠해 보세요.
5. 무엇보다도 재미있고 자유롭게, 마음이 가는 대로 색칠해 보세요.

이 책에 나오는 한자

友 벗 우	電 번개 전	目 눈 목
削 깎을 삭	雨 비 우	重 무거울 중
圖 그림 도	雪 눈 설	力 힘 력
建 세울 건	木 나무 목	動 움직일 동
築 쌓을 축	林 수풀 림	愛 사랑 애
信 믿을 신	森 빽빽할 삼	熟 익을 숙
義 옳을 의	聞 들을 문	眠 쉴 면
勇 용기 용	問 물을 문	希 바랄 희
忍 참을 인	火 불 화	望 바랄 망
學 배울 학	炎 불꽃 염	遺 남길 유
風 바람 풍	力 힘 력	心 마음 심
水 물 수	協 협력할 협	
金 쇠 금	口 입 구	
雲 구름 운	耳 귀 이	

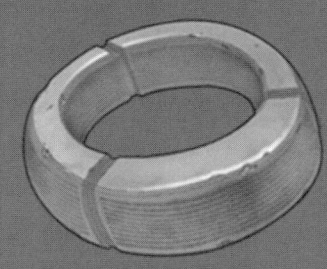

벗 우 友

손오공과 친구들은 서로를 무척 아껴요.
세상의 모든 친구가 그러는 것처럼요.

호킹과 용킹도 서로에게 의지가 되는 좋은 친구예요.

하지만 물론 오곡도사처럼 티격태격할 때도 있을 거예요.

친구라면 함께하는 것이 당연하다고 생각하지요.

옳은 일에 나서는 것은 의로운 일이에요.

우리는 암흑상제의 부활을 막으려는 저항군이다!

용기 용 勇

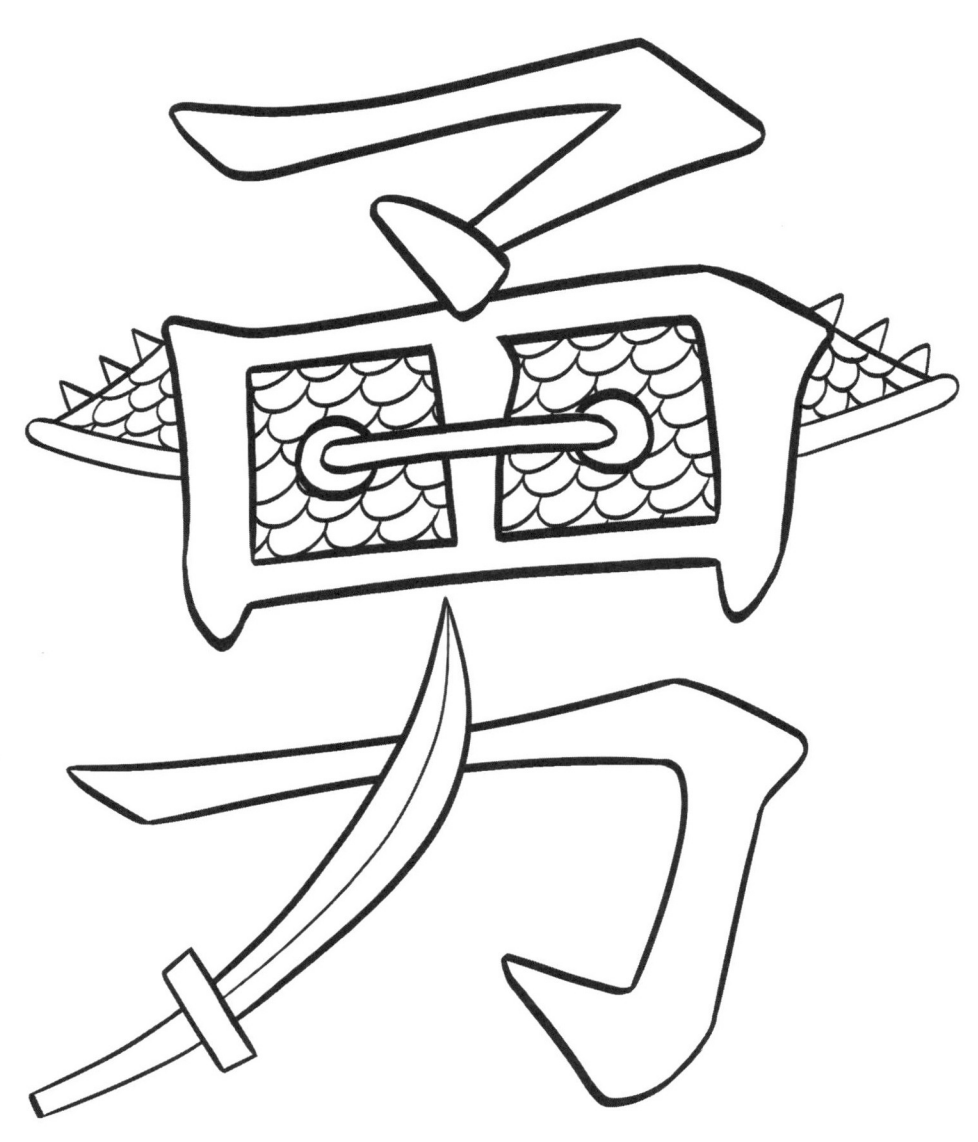

의로운 행동에는 용기가 필요하지요.

친구들을 위해서도 큰 용기를
내야 할 때가 있어요.

참을 인 忍

원하는 것을 이루려면 인내가 필요해요.

배울 학 學

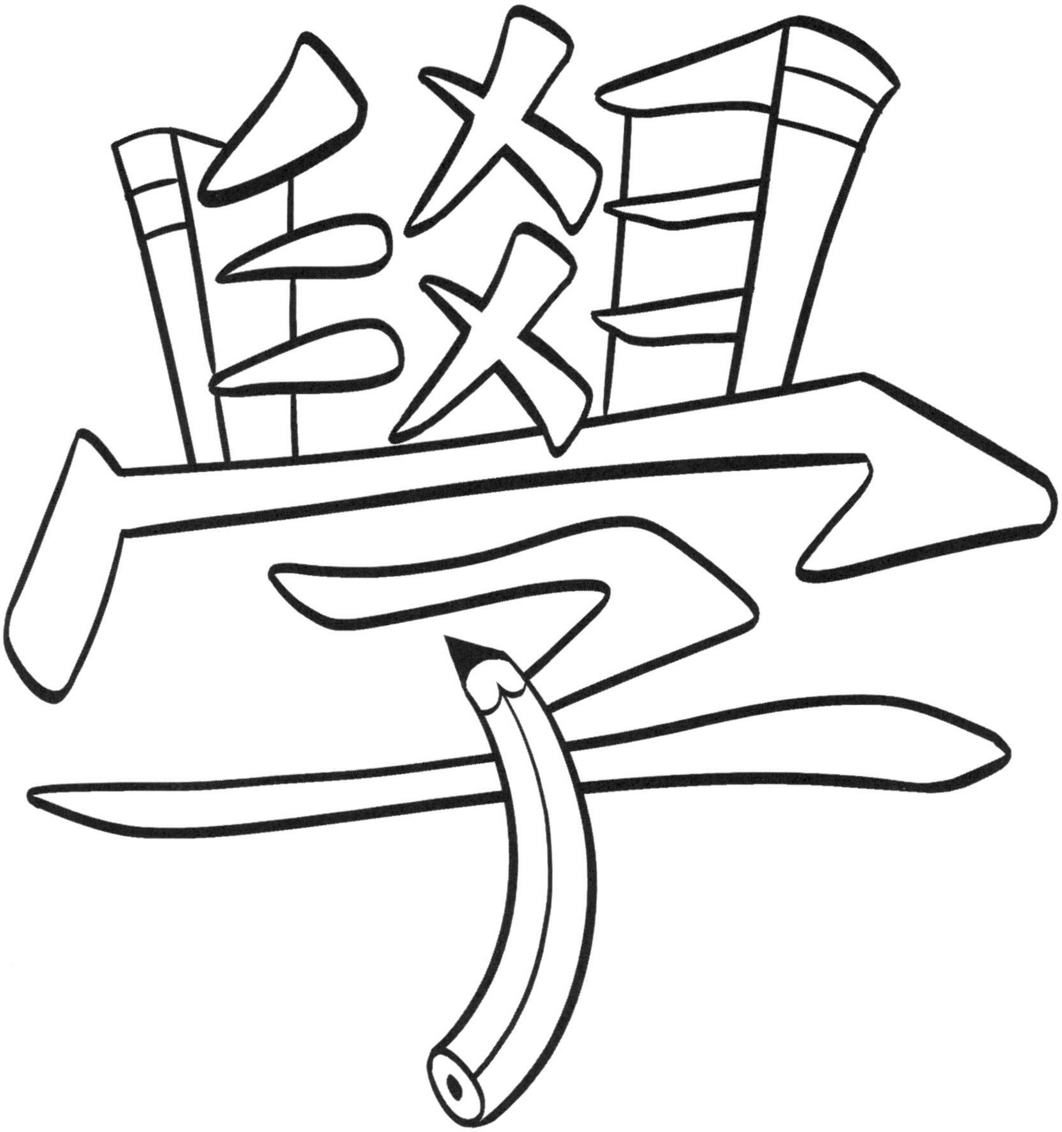

강해지려면 열심히 배우고 익혀야 하지요.

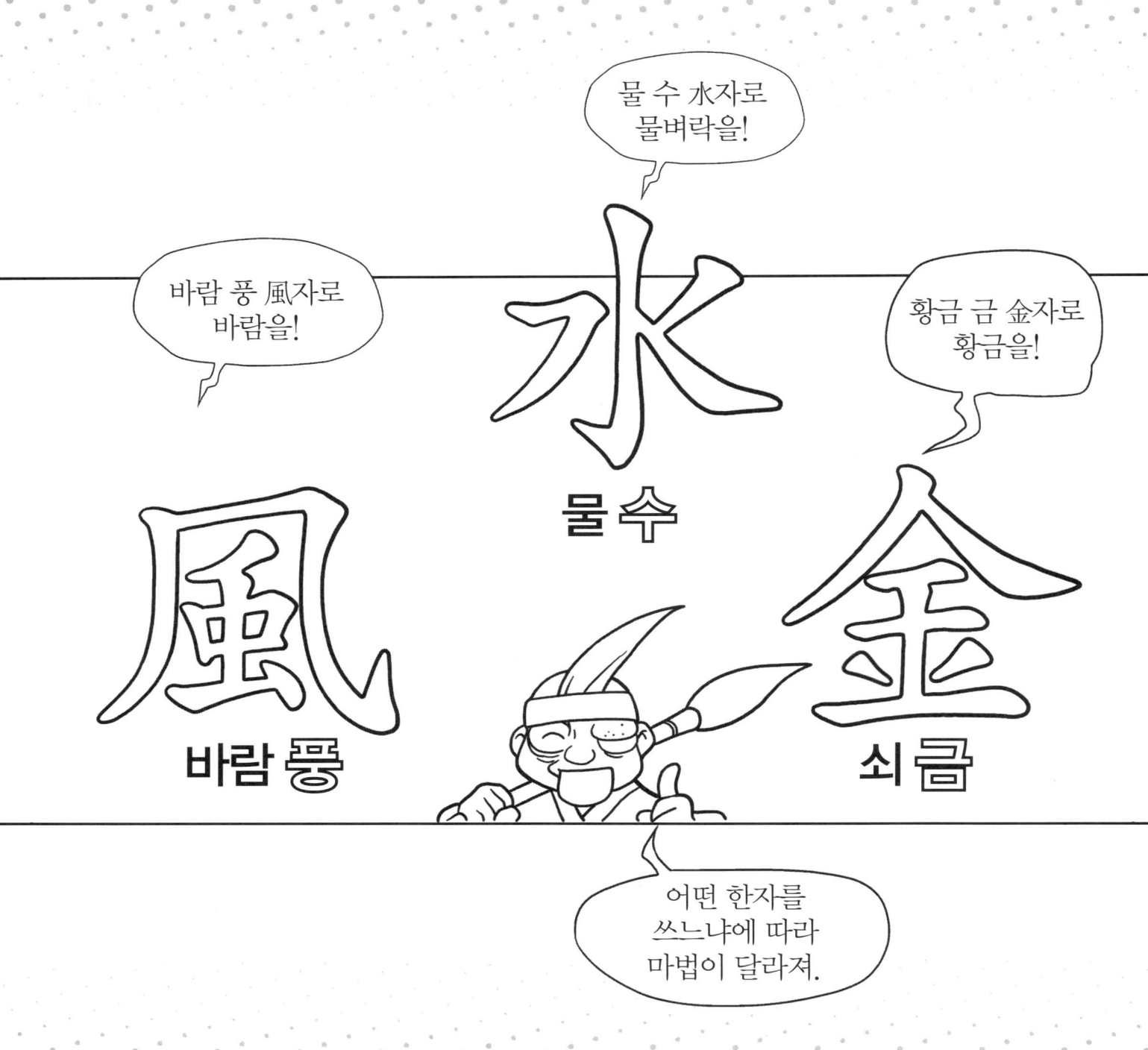

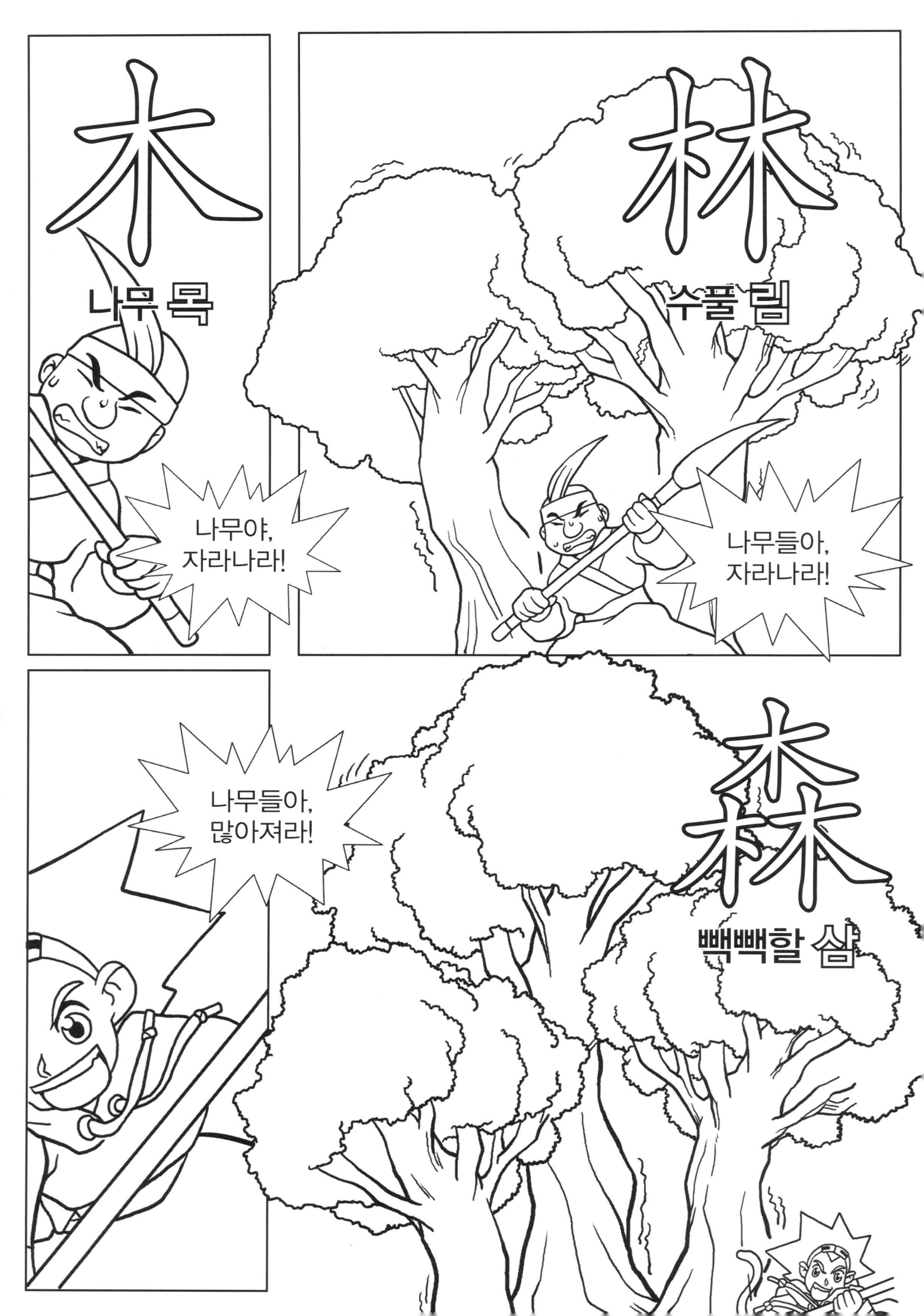

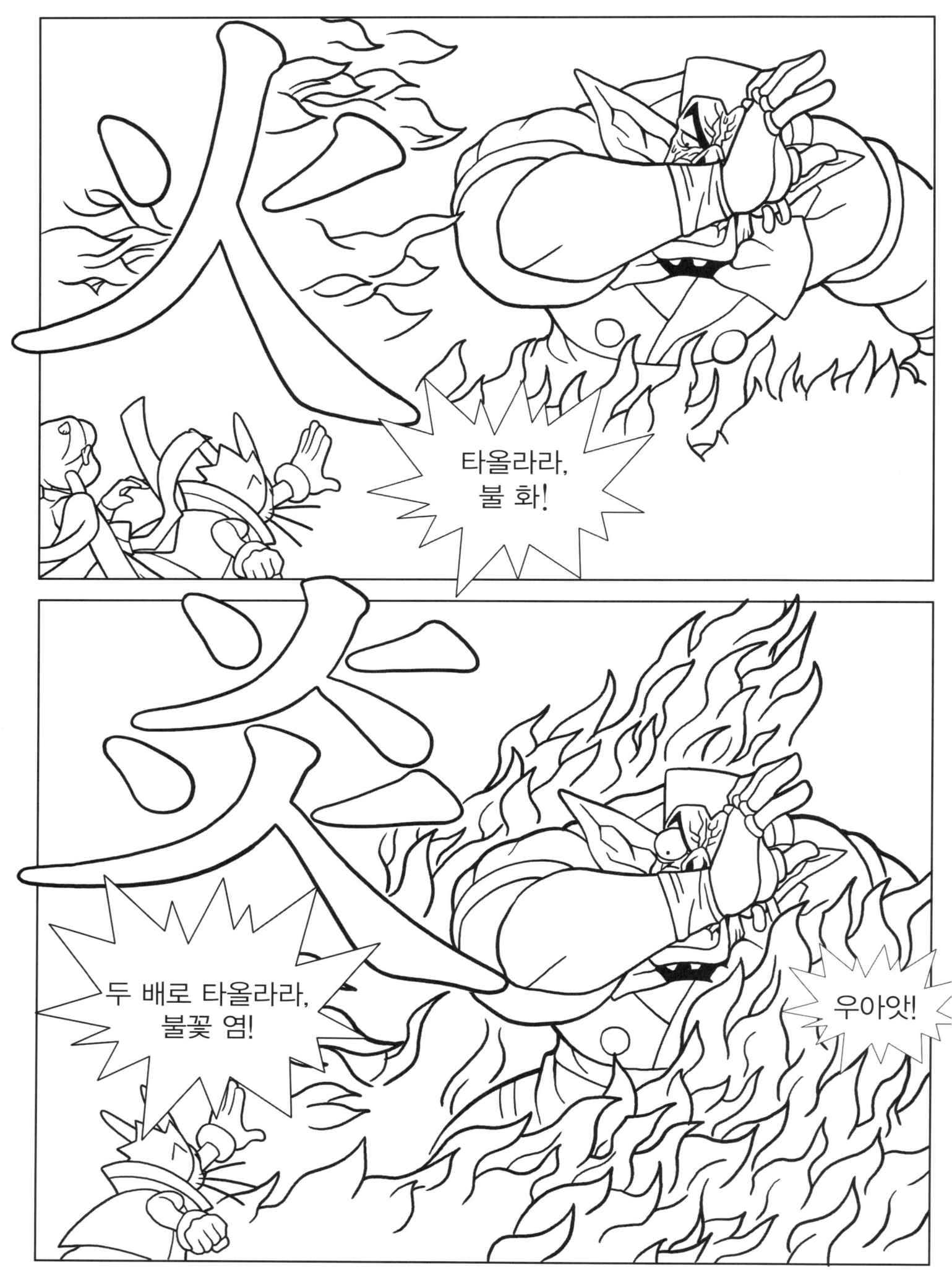

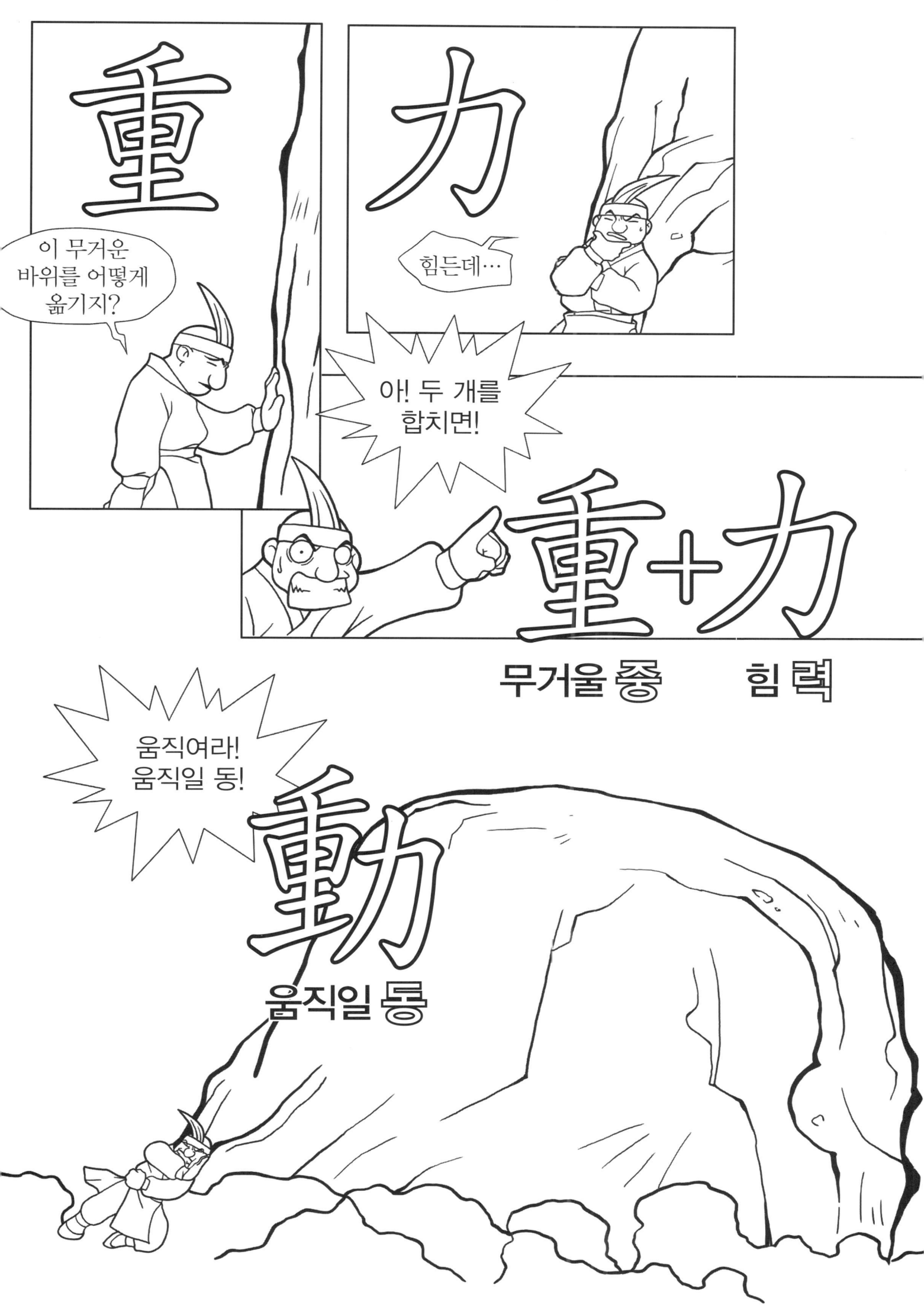

누군가를 사랑하는 건 참 아름다운 일이에요.

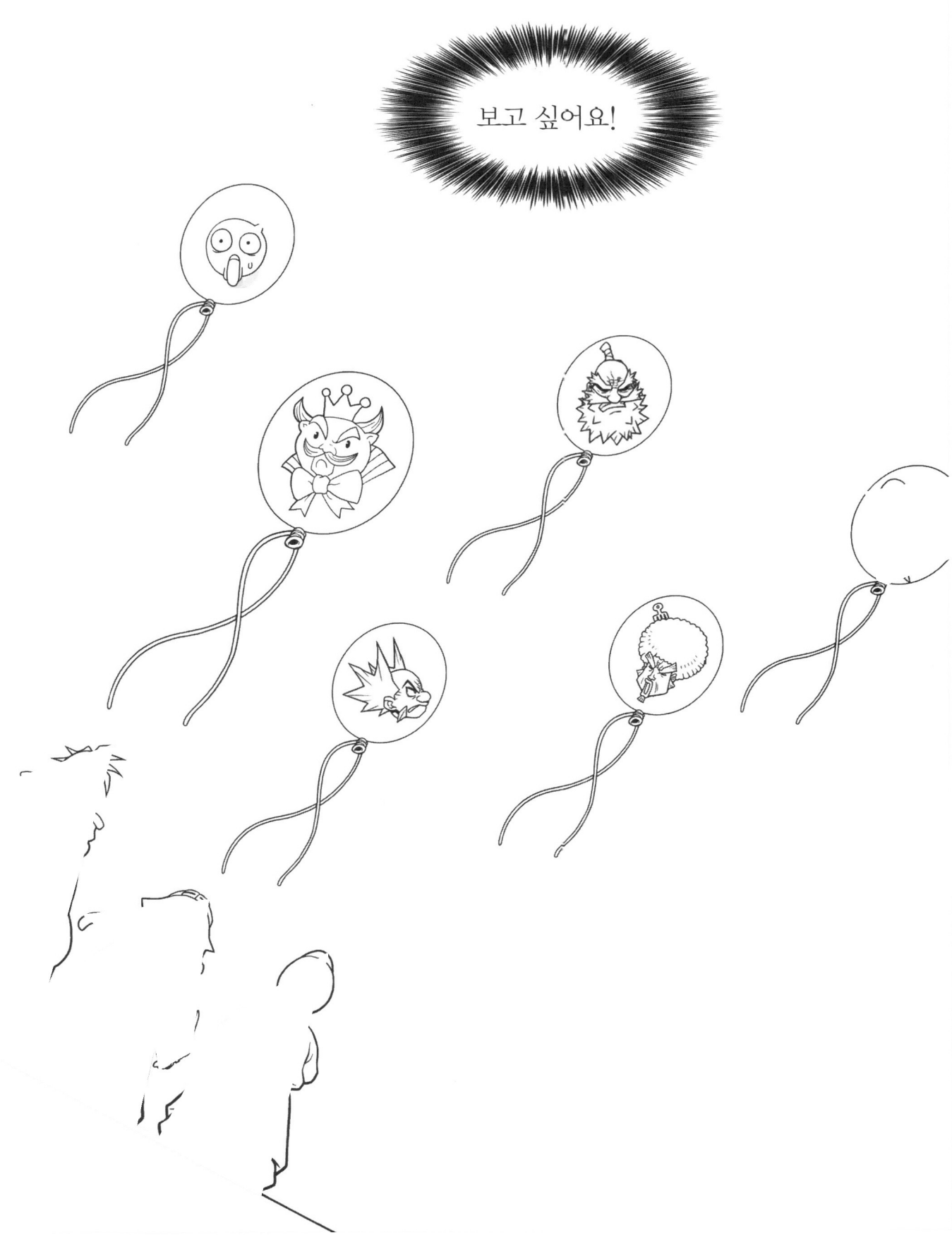

"이렇게 기운을 받았는걸! 나도 힘낼게요. 나을 수 있도록!"

"부인…."

"엄마…."

"고생 많았다. 푹 자거라! 숙면!"

熟眠

익을 숙   쉴 면

사랑하는 사람을 위해서라면 많은 일을 할 수 있어요.

누군가를 좋아하는 마음은 생각하지 못한 때에 불쑥 찾아오기도 해요.

"다친 데는 없느냐? 왜 아직도 내 망토를 두르고…."

깜짝

하지만 그 사랑이 항상 상대를 기쁘게 하는 것은 아니에요.

마음이 어긋날 때도 있고요.

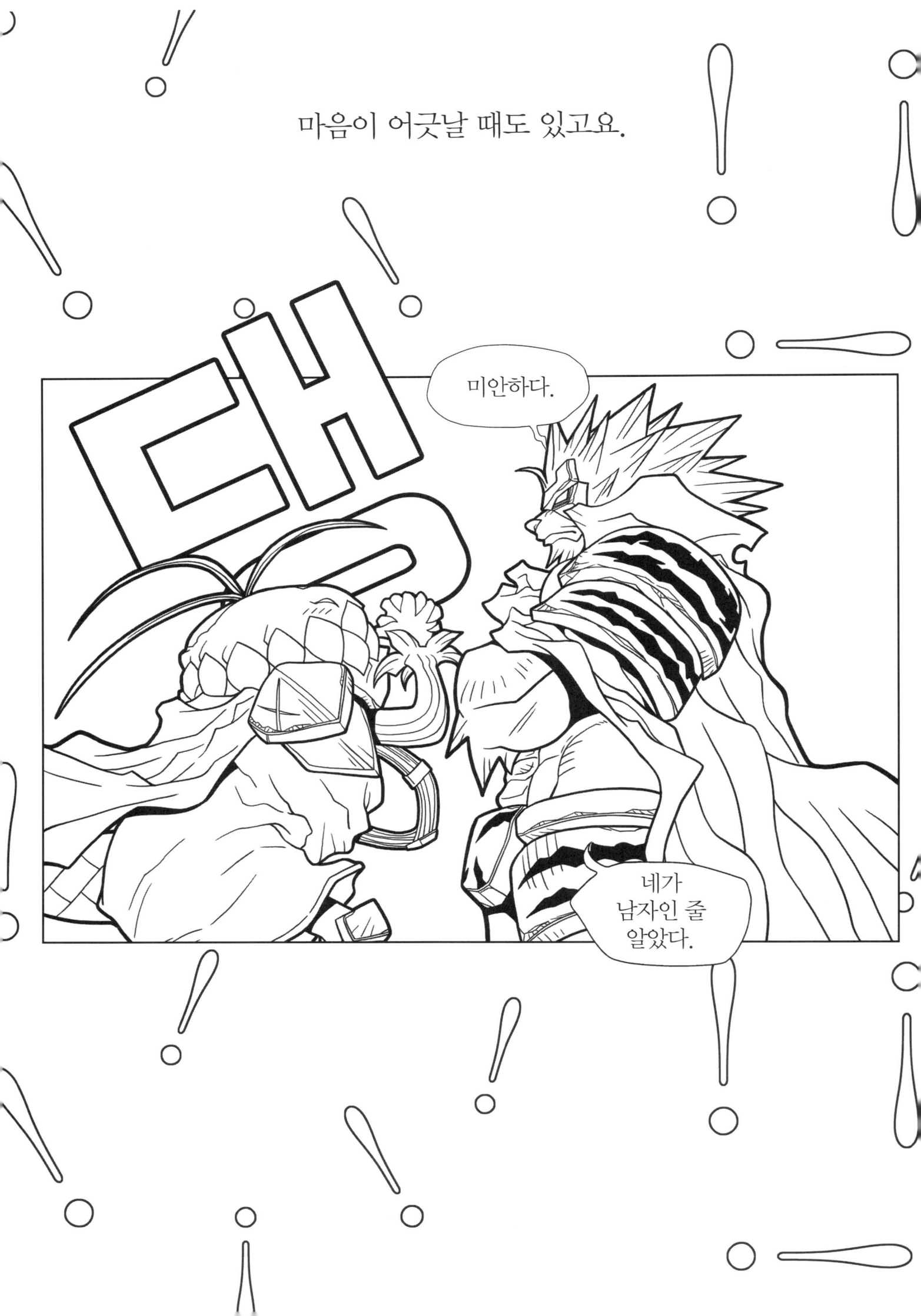

우리가 내일을 꿈꾸며 살아가는 건
희망이 있기 때문이에요.

기다려라, 잔혹마왕!
우리가 상대해
줄 테니!

아직 늦지 않았군.

이제 내가 막는다.

희망이 있는 한 손오공과 친구들은 결코 포기하지 않아요.

남길 유 遺

선현인은 자신의 모든 기운을 손오공에게 남겨요.
손오공이 잘못된 세상을 바로잡아 주기를
간절히 소망하면서요.

내 모든 걸
너에게!
남길 유!

손오공과 친구들은 언제나 마음을 주고 받아요.
그 마음들 덕분에 다시 힘을 내지요.

마법천자문 컬러링북 3

1판 1쇄 인쇄 | 2016년 6월 30일
1판 1쇄 발행 | 2016년 7월 14일

펴낸이 | 김영곤
기획개발팀장 | 은지영   **기획개발** | 노지연 강지하 김지은 홍희정 김송희 인우리
영업마케팅팀장 | 안형태   **영업마케팅** | 김창훈 오하나 김은지
북디자인 | 박선향

펴낸곳 | (주)북이십일 아울북
등록번호 | 제406-2003-061호
등록일자 | 2000년 5월 6일
주소 | 경기도 파주시 회동길 201(문발동) (우 10881)
전화 | 031-955-2138(기획개발), 031-955-2100(마케팅·영업·독자문의)
브랜드 사업 문의 | 031-955-2160 license21@book21.co.kr
팩시밀리 | 031-955-2421
홈페이지 | magichanja.com

ISBN 978-89-509-6578-5 74720
ISBN 978-89-509-6579-2 74720(세트)

Copyright©2016 by Book21 아울북. All rights reserved.
이 책을 무단 복사·복제·전재하는 것은 저작권법에 저촉됩니다.

* 잘못 만들어진 책은 **구입하신 서점**에서 교환해 드립니다.
* 가격은 책 뒤표지에 있습니다.

- 제조자명 : (주)북이십일
- 주소 및 전화번호 : 경기도 파주시 문발동 회동길 201(문발동) / 031-955-2100
- 제조연월 : 2016.7.14
- 제조국명 : 대한민국
- 사용연령 : 3세 이상 어린이 제품